DU NOUVEAU

MINISTÈRE.

DU NOUVEAU

MINISTÈRE.

PAR

Le Comte Achille de Jouffroy.

Nec beneficio, nec injuria cogniti.

SEPTEMBRE 1829.

A PARIS,

CHEZ TOUS LES MARCHANDS DE NOUVEAUTÉS.

—

1829.

A l'époque où les doctrines révolutionnaires, amnistiées en partie par la restauration , exerçaient assez d'influence pour que le royalisme proprement dit fût relégué sur les bancs de l'opposition, on m'a vu payer le tribut de mon opinion et combattre dans les rangs des défenseurs des principes monarchiques.

Lorsque cette opposition , sous la conduite de M. de Villèle, parvint au ministère , je pensai que mon faible appui devenait inutile après la victoire. Plus tard, je m'aperçus que le champ de bataille , encombré de soldats de tous les partis , ne convenait plus à un écrivain qui, comme moi, n'avait jamais compris la fusion de doctrines opposées.

Aujourd'hui que , par une conséquence que

je prévoyais dès-lors, la tolérance du mal a amené des dangers tels que la nécessité d'y remédier s'est fait sentir, je viens, au milieu de mille jugemens contradictoires, mais tous hostiles, examiner la grande question relative au nouveau ministère, moins sous le rapport des individus qui le composent, que sous celui de l'opportunité de sa création.

J'écris sans intérêt et sans passion, mais toutefois sous l'influence de ma propre opinion, qui est assez connue, et qui, du moins, n'a jamais varié. Je serais heureux, en recherchant la vérité, si ceux dont la manière de voir diffère aujourd'hui de la mienne, apportaient, pour me combattre, la même bonne foi, et des raisons plutôt que des injures.

DU NOUVEAU

MINISTÈRE.

SEPTEMBRE 1829.

———

Le ministère actuel a été créé dans des circonstances difficiles ; il est attaqué violemment, et sans relâche, par une foule d'écrivains qui professent des théories différentes, et dont les vues ne s'accordent guère qu'en un point, le désir de le renverser.

Parmi les nombreuses erreurs propagées dans ce but, la plus dangereuse est celle qui, revêtant quelques formes de raisonnement, voudrait faire considérer le dernier changement de ministère comme inutile ou intempestif ; comme n'ayant été provoqué par aucune circonstance grave, ou comme ayant été exécuté à une époque défavorable à l'opinion qu'il représente. L'objet de cet écrit est de démontrer que l'avénement et le choix de ce ministère étaient au contraire une conséquence inévitable des faits antérieurs, une nécessité politique du moment actuel.

La mission de tout gouvernement embrasse deux grands objets : prospérité à l'intérieur, dignité à l'extérieur. Il sera facile de prouver que, sous les ministères qui se sont succédé depuis la restauration, ces deux bases de la gloire nationale ont toujours été plus ou moins compromises; et si je montre que les suggestions et les doctrines qui ont entraîné tant de ministres dans de fausses voies sont précisément les mêmes qu'on emploie pour attaquer le ministère d'aujourd'hui, j'aurai répondu, d'une manière simple et péremptoire, aux reproches qu'on lui adresse.

§. I. *Politique intérieure.*

En octroyant la Charte, le législateur eut l'intention de pacifier le France, de concilier les intérêts anciens et nouveaux ; c'était une branche d'olivier : les partis en ont fait un brandon de discorde. Au nom de la Charte, les prétentions les plus opposées s'efforcent de prévaloir : au milieu de ces dissidences, l'harmonie sociale est troublée, la licence des idées effraye les esprits droits, la confiance perd de sa force, l'ordre public de sa considération, et la prospérité intérieure souffre, ou du moins est retardée dans son développement.

Il serait absurde désormais de répondre à ceux qui accusent leurs adversaires de vouloir détruire la Charte : ce reproche banal est déjà repoussé par le bon sens du public. La question qui s'agite ne consiste plus que dans la manière d'interpréter ses principales dispositions ;

question grave, immense ; car, de même que trente sectes chrétiennes qui, tout en reconnaissant l'Evangile pour loi fondamentale, s'anathématisent mutuellement, ne formeront jamais une religion unie ; de même les partis qui se disputent en France le droit d'interpréter la Charte ne sauraient constituer une société, mais seulement une anarchie politique.

L'opposition, depuis la restauration, et surtout en ce moment, se compose d'une multitude d'opinions diverses peu d'accord sur un but, divisées sur les moyens, prêtes à se séparer sur la plupart des questions, et formellement désunies après le moindre triomphe. Au sein de ce chaos, une tendance commune se fait seule apercevoir : c'est le mépris pour l'autorité, corroboré par l'irritation des souvenirs, par la vanité et l'ambition personnelles, et par le besoin de défendre les intérêts révolutionnaires.

Cette opposition est active, persévérante, elle se multiplie avec adresse pour se faire croire nombreuse. Il est dans sa nature de traîner à sa suite tout homme que le mécontentement ou l'incapacité repousse des affaires publiques. Elle parle, écrit, imprime avec tant d'assurance, elle répand ses plaintes avec une telle profusion, que l'étranger, qui la croirait sur parole, devrait éprouver la plus vive admiration pour un gouvernement qui résisterait ainsi depuis quinze ans à l'opinion d'une nation entière.

C'est dans l'arsenal de cette opposition que les ministères précédens ont presque toujours puisé des armes, aux jours de leur danger. Effrayés de tant de clameurs, ils croyaient obéir à l'opinion en consultant ceux qui s'en proclamaient audacieusement les organes ; mais les élémens de cette opposition, déjà si difficiles à concilier entre eux, offrent dans leur ensemble une disposition tellement hostile à la monarchie et à la tranquillité du pays, que tous les ministres qui ont cédé à ce torrent n'ont fait que retarder de quelques instans leur chute.

C'est ainsi que M. Decazes, après s'être efforcé, de bonne foi, de faire concorder les théories de la révolution avec les principes de la monarchie, recula épouvanté des exigences d'un parti qui protégeait les doctrines dont le poignard de Louvel ne fut que l'expression exagérée.

Plus tard, sous un ministère qui, par l'ambiguité de sa politique, encourageait les espérances et tolérait les efforts des partis, on vit se rouvrir les clubs du libéralisme, et se creuser les cavernes des carbonari, où se fabriquèrent les conspirations militaires, et où se prépara la catastrophe sanglante du général Berton.

Le ministère Villèle, composé d'hommes dévoués, mais à vues courtes, sacrifia trop souvent aux besoins de sa position les garanties de l'avenir. Pendant le cours de sa longue administration, ses préférences pour la médiocrité choquèrent l'amour-propre national, son indifférence reconnue pour les principes sévères de l'ordre social ébranla la foi monarchique. Lorsque, voyant s'affaiblir la confiance publique, il eut enfin recours aux menaces et à la corruption, les honnêtes gens, blessés, s'en séparèrent. Les factieux, profitant de cette scission, s'unirent aux mécontens et se postèrent aux issues constitutionnelles du gouvernement. Privé de ses appuis naturels, ce ministère, n'osant combattre, fut forcé à une honteuse retraite, et laissa à ses successeurs la tâche difficile de faire face à tant d'ennemis ralliés par ses propres fautes.

Cette tâche était peut-être au dessus des forces humaines. Le dernier ministère n'a pu défendre les droits du trône qui lui étaient confiés, qu'en rompant sans cesse devant ses adversaires. De concessions en concessions, il perdait peu à peu tous les retranchemens du pouvoir, et le sol monarchique était prêt à lui manquer. Déjà la liberté religieuse, si bien consacrée par la Charte, était sacrifiée, par des ordonnances, aux ennemis du catholicisme, culte déclaré de l'état ; déjà la licence de la presse, cette licence fatale qui en étouffe l'utile liberté, était autorisée par des dispositions qui ôtent au pouvoir le moyen de s'en défendre, et d'en préserver la morale publique ; déjà le choix des députés était livré à des comités organisés de manière à exclure de la représentation tout sujet dévoué à la dynastie, et surtout quiconque serait désigné par les dépositaires de sa confiance ; déjà, enfin, dans l'ivresse de tant de succès, on ne se proposait rien moins que de jeter, dans toutes les municipalités du royaume, les fondemens d'une république. L'opinion des gens de bien, dévoyée, sans point de ralliement, gardait le silence ; on se demandait : Où est l'autorité ? où est la force ? où allons-nous ?

Dans cet état de choses, il a plu au Roi de confier le pouvoir à des hommes dont les antécédens sont dégagés de toute transaction avec les exigences révolutionnaires, et dont le caractère exclut toute idée de concessions au préjudice de l'autorité royale.

S'il était besoin d'autres preuves de la nécessité de ce changement, je n'en voudrais attester que le cri universel de rage qui a salué l'apparition du nouveau ministère. Tous les organes de l'opposition, faisant trève à leurs débats privés, ont épuisé, dans cette attaque commune, tout ce que la colère peut inspirer, tout ce que la frayeur peut dicter. Dans l'impossibilité de répondre à une administration qui gardait le silence, et ne pouvant critiquer ses actes avant qu'elle en eût fait un seul, l'opposition s'est empressée de réprouver d'avance la pensée, le langage et les actes, quels qu'ils puissent être. Jamais la déraison humaine n'alla plus loin, jamais la vanité dogmatique des publicistes ne se livra plus inconsidérément au châtiment du ridicule. Nos ministres voudront-ils être forts? c'est pour opprimer; seront-ils modérés? c'est pour déguiser l'oppression; défendront-ils la Charte? c'est pour mieux l'attaquer; tairont-ils leurs intentions? c'est qu'elles sont hostiles; en manifesteront-ils de bienfaisantes? ils en auront menti. Quel embarras! ou plutôt quel bonheur pour des ministres d'être attaqués de cette manière, et par de tels ennemis !

Une opposition qui s'est ainsi compromise n'est plus à craindre, et l'on doit féliciter l'administration actuelle d'une coalition qui a éloigné d'elle tant d'alliés douteux dont les masques sont enfin tombés. Depuis que le *Journal des Débats* est l'auxiliaire du *Figaro*, depuis que M. le vicomte de Châteaubriand est monté en croupe derrière le *Courrier*, la position des hommes et des choses est singulièrement éclaircie ; chacune de ces démissions dont on fait tant de bruit est, pour le gouvernement du Roi, une entrave de moins et un appui de plus. Désormais, la révolution n'aura pas pour garde avancée des bataillons de doctrinaires revêtus de l'uniforme du royalisme ; elle se battra aux avant-postes, à visage découvert.

Quoi, dira-t-on, vous confondez avec les

révolutionnaires ces hommes qui ont donné précédemment tant de preuves de royalisme ; qui ont parlé, écrit, agi contre l'usurpation et contre la république, qui ont marché aux premiers rangs sous le drapeau légitime, et parmi lesquels il en est même dont le sort est irrévocablement lié à celui de la dynastie !

Ces hommes, hélas ! ont pris le soin de répondre pour moi. Ne les apercevez-vous pas confondus volontairement avec les ennemis, naviguant côte à côte, sous le pavillon tricolore, avec les pilotes de la *Minerve*, du *Nain Jaune*, du *Constitutionnel*, du *Corsaire* ? Ne voyez-vous pas ces nouveaux frères d'armes se pressant la main, se distribuant des encouragemens et des éloges, se consolant mutuellement de leurs échecs judiciaires ? Le mot d'ordre est commun à tous ; le langage est le même : comment pourrais-je encore les distinguer ?

Il faut enfin déchirer le voile qui a trop long-tems obscurci la raison publique ; il faut publier le secret de cette étrange opposition formée d'élémens qu'on considérait comme hétérogènes, et qu'on ne s'étonnera plus de voir réunis.

Jusqu'ici les ministères avaient été désignés, quelquefois même imposés, en quelque sorte, par la clameur des partis et par le résultat des intrigues électorales. Aujourd'hui, pour la première fois, le Roi a formé son conseil dans un intervalle de calme, sans y être provoqué par des influences secondaires; sa sagesse seule a jugé de la nécessité de la mesure et de la valeur des choix. Plus la volonté royale a paru libre, dans cette circonstance, plus elle devrait être respectée par les royalistes; ceux dont nous parlons pensent autrement.

C'est que ces royalistes prétendus considèrent le Roi de France comme une idole sacrée, mais muette et immobile, aux pieds de laquelle ils voudraient tranquillement se partager le fruit des sacrifices, c'est-à-dire les places et le budget. Ils défendront la dynastie qui les protège, pourvu que, demeurant dans le silence, elle ne trouble jamais les rêves de leurs petites ambitions. Le dieu a-t-il parlé? au premier mot de sa voix souveraine, ils s'étonnent, se dépitent, et s'enfuient, pour essayer la menace, au milieu des rangs ennemis. Ces hommes, en un mot, veulent bien de la royauté, mais d'une royauté à leur profit, d'une royauté avilie.

Ce n'est pas ainsi que les véritables royalistes comprennent la monarchie constitutionnelle; ils acceptent la Charte, ils repoussent l'arbitraire; mais ils veulent aussi que l'autorité royale soit conservée, ils la regardent même comme l'unique garantie de la tranquillité intérieure et du bonheur du pays. Ils respectent le choix du souverain, sans renoncer pour cela au droit acquis de critiquer la conduite de ses ministres; mais, avant d'attaquer leurs actes, ils attendent du moins que ces actes aient eu lieu.

La paix publique, troublée jusqu'ici par le bourdonnement importun de tant de vanités bruyantes et de médiocrités déchues, ne saurait être rétablie et conservée que par une administration à la fois forte et modérée. Sans rien préjuger sur la conduite et le talent des hommes qui la composent aujourd'hui, toujours est-il évident que les circonstances qui ont présidé à sa formation sont des plus favorables.

Ce ministère pourra se montrer fort, parce que son origine découle immédiatement de la source légitime de toute force dans une monarchie, du monarque lui-même; parce que, créé hors du concours des partis en présence, il n'apporte en naissant ni souvenirs de contradiction, ni engagemens de reconnaissance; parce que ses adversaires, dans la surprise de son avénement, ont pris eux-mêmes le soin de se bien découvrir; parce que les honnêtes gens du royaume, fatigués de l'agitation où quelques intérêts privés entretenaient depuis si long-tems les esprits, applaudiront à sa fermeté, et encourageront son énergie.

Il pourra se montrer modéré, parce que la

modération est le privilége de la force ; parce que le caractère connu du monarque éloigne toute idée de réaction ; parce que des hommes dont le dévouement est au-dessus de tout soupçon n'ont pas besoin de donner des gages au royalisme en organisant des persécutions contre ses ennemis.

Au point où nous étions arrivés, il était donc indispensable de sauver l'autorité royale en péril, de mettre un terme à l'agitation intérieure, de déjouer les espérances turbulentes, de démasquer les amis faux et les amis intéressés. La création imprévue du nouveau ministère a satisfait jusqu'ici à ces conditions : il nous reste à l'envisager par rapport aux affaires du dehors,

§. II. *Politique extérieure.*

Une population de trente millions d'ames ; un sol fertile ; des ports nombreux et sûrs ; une industrie active ; l'intelligence et le courage militaire au plus haut degré ; un milliard de revenus publics ; une illustration de conquêtes que les revers n'ont point fait oublier ; une dynastie ancienne et révérée par l'Europe entière : voilà, pourrait dire la France à tous les ministères qui se sont succédé depuis quinze ans, voilà le capital immense que j'apporte dans la balance des peuples : comment, déposé en vos mains, a-t-il paru si léger ! Que répondraient-ils ?

Ils s'excuseraient peut-être en disant : pour qu'une nation en impose au dehors, il faut d'abord que son gouvernement soit respecté au dedans. Occupés de nous défendre contre toutes sortes d'attaques, sans cesse absorbés dans le soin de notre propre conservation, nous ne pouvions prétendre à persuader l'Europe, témoin de ces misérables querelles, que la France était en état de prendre l'attitude de force et de dignité qui lui convient. L'influence diplomatique s'exerce par la confiance ou par la crainte ; pour inspirer l'une ou l'autre, il faut une position stable, une politique arrêtée ; avons-nous pu jamais nous placer dans cette situation !

J'ajouterai pour eux : c'est aux concessions faites à ce qu'on nomme orgueilleusement la politique du siècle, que l'on doit l'état de neutralisation absolue où la France est restée au milieu des intérêts agités sur le globe depuis quelques années. Les cabinets de l'Europe sont institués, pour la plupart, sur les traditions anciennes et monarchiques ; les théories de nos réformateurs, en s'insinuant dans nos conseils, écartent les liens qui nous unissent au faisceau européen, sans pour cela nous donner la puissance de les rompre ; il en résulte un éloignement naturel, une défiance réciproque qui nous privent de l'influence que nous aurions le droit légitime de réclamer.

Si l'Europe, bouleversée, se constituait en républiques, la politique de nos Gracchus de tribune et de nos Démosthènes de gazettes pourrait être bonne à adopter. Mais dans l'état actuel, état qui durera long-tems encore, cette politique n'est pas seulement fausse, imprudente, sans utilité; elle est plus que cela, elle est impossible. Aussi l'a-t-on vue échouer dans toutes les occasions; l'irrésistible puissance des faits a successivement renversé ses théories. Toujours ses efforts ont été vains, toujours ses prédictions ont été démenties. Et lorsque par malheur nos ministères ont cédé à ses insinuations, le sentiment que leurs impuissantes tentatives ont inspiré aux cabinets voisins a participé du ridicule.

Ainsi, lorsque nos frégates, en croisière devant Naples, assistaient paisiblement au bouleversement du trône dans ce pays, les Autrichiens qui, au dire du plus célèbre organe de cette politique moderne, le général Foy, les Autrichiens, qui ne devaient pas sortir des Abruzzes, entraient victorieux à Naples, et enlevaient à l'auguste chef des Bourbons la gloire de secourir un roi de sa famille.

A la même époque, tandis que les conspirateurs du Piémont organisaient, presque sous les yeux de l'ambassadeur de France, leur révolte militaire, on se tenait prêt à les secourir, mais en cas de succès, au moyen d'une Charte. Qu'en est-il advenu ? un régiment d'infanterie autrichienne délivra Turin ; et le major Gattembourg, accompagné d'un seul trompette, s'empara d'Alexandrie avec ses deux cents pièces de canon, sa garnison de trois mille hommes et son bataillon d'écoliers de la *Minerve*.

Redirai-je les efforts infructueux de cette politique, lors de l'invasion de l'Espagne ? Que ne fit-elle pas pour l'empêcher ? et pourtant le peuple espagnol nous tendait les bras, son roi implorait notre secours, cette expédition devait faire connaître à l'armée un héros dans l'héritier du trône, elle devait prouver à l'univers que nous n'avions rien perdu de nos titres à la gloire. Tous ces avantages se sont rencontrés ; et si, en définitive, nous n'avons pas recueilli d'autres profits, à qui s'en prendre, si ce n'est à l'influence de cette même politique, qui, opposée d'avance à l'expédition, n'en fut pas moins chargée d'en diriger les résultats !

S'il m'était permis de dévoiler tous les effets de cette théorie diplomatique que les libéraux préconisent dans l'espoir de brouiller l'Europe, et que certains royalistes approuvent par ignorance ou par préjugé, je la montrerais partout alliée aux séditieux, en état de surveillance dans les cours, et déjouée toutes les fois qu'elle essaie d'agir. Je montrerais comment, en manifestant quelques-uns de ses principes, un grand nombre de nos hommes d'état ont vu diminuer cette considération morale et cette confiance personnelle si nécessaire aux succès d'un diplomate en mission ; je rappellerais, entre mille autres exemples, celui de l'écrivain le plus brillant du siècle, qui, sacrifiant malheureusement au besoin de plaire à la foule de nos écoliers politiques, n'a fait qu'exciter le sourire à Londres, la défiance à Vérone, et dont tout le talent a échoué à Rome contre la spirituelle finesse d'un prince de l'église et le simple bon sens d'un envoyé allemand.

Si l'on veut enfin présenter la France à ses alliés et à ses ennemis dans une attitude convenable à son haut rang parmi les nations, il faut abandonner cette politique inutilement hostile aux intérêts des monarchies, dans laquelle nos ministres se sont si souvent embarrassés. Pour arriver à ce but, le nouveau ministère a une route unie et bien éclairée ; il suffira qu'il prenne le contre-pied de tous les conseils que lui adresse cette opposition illustrée par tant de bévues, et dont le ridicule s'est réfléchi depuis quinze ans sur toutes les opérations de notre politique extérieure.

CONCLUSION.

Les honnêtes gens qui veulent le Roi, la Charte, la religion et la tranquillité publique ; qui s'intéressent peu aux succès et aux revers de quelques coteries où l'on fait de la politique métier et marchandise, et qui haïssent les doctrines de 1791 en mémoire d'une époque plus sinistre, savent déjà à quoi s'en tenir sur l'opportunité, sur la nécessité d'un ministère contre lequel s'est soulevée avec effroi la révolution tout entière, avec ses républicains, ses doctrinaires, ses libéraux, semi-libéraux, et les auxiliaires qu'elle a recrutés dans la déroute des spéculateurs de royalisme.

La réunion subite de tant de partis divers, dont plusieurs se sont déjà exercés au pouvoir sans qu'aucun ait encore su répondre aux vœux de la France, et l'énergie inusitée de l'attaque, sont une présomption en faveur des nouveaux choix. Puisqu'ils crient si fort, il faut que l'on ait frappé juste.

Ils prédisent au ministère que, quoi qu'il fasse, il ne pourra se soutenir; cette menace prématurée, répétée mille fois avant de connaître ses intentions, avant de savoir quelle sera sa conduite, donne la mesure de leur bonne foi. Ce ne sont pas, certes, les intérêts de la France qui les occupent, puisqu'ils sont d'avance résolus à rejeter tout ce que les ministres pourraient proposer, quelle que soit l'utilité de leurs propositions.

Pour moi, qui n'ai pas la prétention de lire dans l'avenir, ni de prévoir les déterminations que pourront prendre, selon les circonstances, les hommes placés au timon des affaires, je me borne à constater ce qui se passe en ce moment. Je vois que l'autorité royale, vivement attaquée, s'est entourée de ministres qui sauront probablement la fortifier, mais qui, à coup sûr, ne la laisseront pas avilir; je juge, par le caractère de leurs accusateurs et par la nature des accusations, que l'on ne redoute en eux que la fermeté. J'en conclus que la révolution s'irrite, parce que leur brusque arrivée l'a interrompue dans sa marche, et je pense que tous les royalistes de bonne foi doivent se rallier d'abord autour d'eux.

FIN.

PARIS, PILLET AÎNÉ, IMPRIMEUR DU ROI,
rue des Grands-Augustins, n. 7.